2歳児　頑固なまでに自己主張するようになる…48

5歳児 我慢する力が育つ

0歳児 人間の基礎が育つ

発達する力が、生まれつき備わっているのが赤ちゃん

赤ちゃんは受け身の存在だと思われてきましたが、決して何もできないわけではなく、自分から積極的に働きかけながら、めざましく発達しています。長い人生のなかで、もっとも基本となる力を獲得する時期です。

まず、運動機能としては首がすわり、ハイハイから立ち

上がることができるようになります。言葉は、泣き声とは異なる、クーイング（自分から声を出したり、手を出したりすること）がはじまり、それが喃語《なんご》へと発達し、大人とコミュニケーションがとれるようになっていきます。食べる力が育ってくるのもこのころ。ミルクやおっぱいから栄養を摂っていたのが、幼児食へと移行し、生きる楽しさへとつながっていきます。

身体能力の発達もさることながら、心も大きく育ちます。人への信頼＝愛着心が獲得されていきます。特に、赤ちゃんと親との共鳴関係（響き合う関係）が大事で、赤ちゃんの要求や思いを受け止めてくれる人との相互作用によって子どもは育っていきます。愛着関係を形成することは、子どもにとって安全と安心の確保を意味し、情緒的に結びつくこと。大人が子どもの育ちに感動し、子どもと一緒に喜びを共有することで、信頼関係が形成され、コミュニケーションの楽しさが育っていきます。

悩み

一日中泣いていて、どう泣きやませればいいか、わかりません

行動の意味

泣くのには意味があり、自分を知ってもらうための手立てです

乳幼児は自分では何もできないので、言葉を獲得するまでは、泣くことで自分の思いを伝えています。

大人は泣き声に込められたサインの意味を読み取り、丁寧な触れ合いを重ねていくことが大切です。

泣く＝大人を困らせることのようにとらえてしまいがちですが、発達とともに泣き方や泣く意味も変化していきます。

新生児のころは、おむつがぬれている、おなかがすいたなど、生理的不快感が理由でよく泣きます。

2～3か月ごろになると、泣くことで誰かが来てくれることがわかるようになり、泣いても誰もかまってくれないと、

怒ったように泣きます。夕方になると理由もなく泣く「夕暮れ泣き」が見られるのもこのころです。

ちなみに、このころまでは涙腺が機能していないので泣いても涙を流しませんが、泣いているのだということを理解しましょう。

4～5か月になると、泣き方に表情が出てきます。

眠いときはぐずり泣き、おなかがすいたときは怒ったように泣き、抱っこしてほしいときは甘え泣きもあります。

泣く回数は減っていきます。

こうして6か月以降になると、今までとは違った意味の泣きが見られるようになります。

思うように前進できなかったり、ものがうまくつかめなかったりと、自分でやりたいことが思うようにできずに泣きます。

これは赤ちゃん自身の葛藤であり、大人を呼ぶための泣きとは違います。さらに、10か月以降は徐々に感情が発達し、自分の思いをわかってもらえなくて、怒って泣きます。

自分でごはんが食べたいのに、大人に勝手に口に入れられて、悔しくて泣いたりすることもあります。

対応法は次のページにあります。

対応法

赤ちゃんの訴えを、大人が言葉にしてあげましょう

赤ちゃんが泣いていると、大人はどうしても「泣きやませなければならない」と考えてしまいます。しかし、子どもは大人を困らせようとして泣いているわけではありません。まずは、赤ちゃんの泣かずにはいられない気持ちをわかってあげましょう。「何で泣いてるの？」「おむつがぬれているのかな？」と、まずは問いかけます。もちろん、この時期は言葉で答えてはくれませんが、我がことのように理解しようとし、実感してくれる大人がいることで、子どもはもっと伝えたい、と思うようになり、豊かな感情表現が育ちます。

このころの「夕暮れ泣き」は、泣く原因がわからないので不安になりますが、いっときのことなので、あまり深刻に考えず、知恵がついてきた証拠と、軽い気持ちで受け止めるようにしましょう。泣いたらおなかをやさしくトントンしたり、抱っこして声かけしたり、部屋の中を歩いたりなどと、泣きやむ対処を見つけられるといいですね。


6か月以降の、葛藤による泣きが見られたら、

「お母さんの姿が見えなくなって悲しいのね」

「ハイハイで進めなくて悔しいのね」

などと気持ちを言葉にしつつ、達成感を味わえるように援助します。思いどおりにいかない現実とのズレへの働きかけを支えてくれる大人に対し、赤ちゃんは特別な思いを感じ、大人とのかかわりのなかで心のバネが生まれます。言葉がなくても人はわかりあえる、ということを赤ちゃんは教えてくれます。泣きをシャットアウトしてはいけません。泣きは人と人を結びつけてくれるコミュニケーションなのです。

ハイハイができるようになったら、何でもさわって舐めまわします

悩み

舐めることで、ものを認知しています

行動の意味

ハイハイができるようになると、いろいろなところに移動できるので、好奇心も旺盛になります。見るものすべてが赤ちゃんにとっては新鮮で、これは何だろう？　と手に取って、真っ先に口に持っていきます。なぜなら、この時期の赤ちゃんにとって、口の中が一番大事な認知機能だからです。舌で舐めてザラザラした感触や冷たさ、温かさなど、ものを認知していきます。

赤ちゃんは、舐めて確かめないと気がすまないのです。

対応法

"舐めまわす"ことを十分にさせてあげましょう

子ども本来の好奇心や探索心を育てるためにも、「見て、さわって、舐める」という行為を十分にさせてあげましょう。これはやがて、自分でつかんで口へ持っていき、食べることへの喜びにもつながっていきます。舐めることで、感覚機能も知能も育つのです。

また、赤ちゃんは、取りあげられることを一番嫌がり、探索欲求も損なうことになるので、舐めているときは好きなように舐めさせてあげましょう。

10か月ごろになると、小さなものもつまめるようになるので、誤飲事故を招くような、小さなボタンやクリップ、電池、口に入れたくない汚いもの、危ないものなどは、手の届くところに置いておかないように注意しましょう。

悩み　8か月になっても人見知りをしません。何か発達に問題があるのでしょうか？

行動の意味

人見知りは心の発達の証ですが、人見知りをしない子もいます

人見知りは、親しい大人とそうでない大人を区別できる知恵がついてきたことを意味します。

ただし、生まれつき社交的な性格だったり、家族が大勢いて人の出入りが激しい家庭や、お店をしている家の子どもは、いろいろな人に抱っこされることも多く、人見知りしない場合もあります。

大事なのは、たとえ人見知りしなくても、親しい人とそうでない人との区別ができているかどうかです。

お母さんが来た途端、抱っこしたがるなど、自分の大好きな人がわかっていれば、問題ありません。

対応法 人への基本的信頼の獲得を

泣いても大好きな人から「ほら、おばあちゃんだよ」といわれると、チラチラと見たりします。これは警戒心から一度は顔をそむけますが、人を求めてやまない心が、赤ちゃんにそうさせているのです。

不安だけれど、関心があればこそ、人間関係は広がっていきます。

信頼できる家族が、自分がよく知らない人と言葉を交わすのを見ながら少しずつ、いろいろな人に心を開いていきます。

大好きな親しい大人がついていてくれれば、不安を乗り越えていくことができます。

特定の人への信頼が育っておらず、表情や甘えが乏しい乳児は、人見知りがないばかりか、抱かれるのを嫌がったり、逆に誰にでも抱かれたがったりする情緒発達の遅れが見えます。

そんなときは、人との信頼関係が育まれるアイコンタクトや、同じものを見て心を通わせ合うなど、

このような大事な発達過程を、もう一度丁寧にしていきましょう。

ハイハイをする前につかまり立ち。
このまま立ち上がって歩くようになるのは
まずいでしょうか？

悩み

行動の意味

立って歩こうとする子、ハイハイをいやがる子に無理してハイハイさせる必要はありません

最近は住宅事情で昔とは環境が変わり、部屋が狭くてハイハイできるスペースがなかったり、つかまり立ちできるものも多いので、おすわりから、ハイハイを飛ばして立ち上がる子が増えています。

ハイハイしないからといって、無理にハイハイをさせてしまうと、自分で動きまわる喜びや楽しみを奪ってしまうことになりかねません。

立って歩こうとする喜びを見出している子に、無理にやめさせる必要はありません。

対応法 ハイハイすることの効用があることを忘れずに

ハイハイを強要する必要はありませんが、ハイハイがもたらす効用はあります。

まず、自由に移動できるようになることで、探索の喜びを得られます。移動によって世界が広がり、認知発達にいい影響を与えます。

次に、大好きな人のそばに自分で行けるので、愛着行動が満たされます。

そして、手足の筋肉の交互運動は、脳を発達させるといわれています。歩けるようになっても四つばい運動をすることで脳の発達がうながされるのです。

子どもの横で大人も一緒にハイハイしたり、四つばいで追いかけっこをしたり、トンネルをつくってくぐらせたりするなど、ハイハイをうながす遊びをたくさんするといいでしょう。

このような遊びをすると、他者と体を動かす楽しさや喜びを共鳴する力にもつながります。

コラム

子どものコミュニケーション力を育てる三項関係

乳児が自分の世話をしてくれる大人と親密なかかわりを築いていく一方で、ものの世界にも関心を示すようになります。これは、コミュニケーション力や、言葉の発達に欠かせない重要なことです。

5～6か月ごろまでは、自分と大人という二項関係を築いてきた乳児。やがて、大人と同じものを見るという共同注視が成立し、心の通い合いが強くなります。さらにそこから、注視するだけでなく、自分と大人でひとつのテーマ（興味・関心の対象）を共有することができるようになることを、「三項関係」といいます。

三項関係の成立に対応して見られるようになるのが、指さしです。乳児は何かしてもらいたいことがあると、「あっあっ」と声を出して大人の注意を引こうとしたり、珍しいもの、好きなものを見つけると、発見の喜びを、ものを指し示す行為で訴える力が生まれます。自分が発見した新しい世界を、人さし指を使って大好きな人に伝えようと、コミュニケーションの道具として使うようになってきたのです。その証拠に、子どもは指さししたあと、必ず一緒に見てほしい人の顔を確認します。そして、そのとき、まわりの大人が子どもの指したものを見て「本当だ、ワンちゃんいるね」などと、その子の思いを言葉にし、共感します。そうすることで、子どもはもっと自分から積極的に大人に対して働きかけるようになり、より大人の反応を求めるようになります。

1歳児 人間としての第一歩を踏み出す

自立への旅立ちは 1歳児からはじまる

1歳を超えるころ、ひとりで立ち歩くようになります。歩くという、新しい力を獲得したことで、未知なる世界を確かめるようになり、人に頼らず、主体的に動き出すことが、自我の育ちへつながっていきます。立ち上がっ

たことで手が自由になり、何でもさわって確かめるなど、新しいものへの興味はつきません。意味のある言葉を獲得し、自由に探索や行動ができることで、探索心や好奇心も育ちます。意味のある言葉を獲得し、自我も芽生えます。自分が誰であるかわかると、子どもの思いやつもりは表情や行動に表れるので、行動をよく観察することが、1歳児を理解するうえで大切です。

また、基本的な生活習慣の基礎ができていく時期でもあります。靴下をはく、歯を磨くなど、大人に丁寧にやってもらったり、手助けしてもらいながら身につけていきます。丁寧にやってもらうことで、自分でできることは自分でやろう、という気持ちも育っていきます。何よりも大切にしたいことは、自分でやれることへの喜びにつなげていくことではないでしょうか。

悩み

食べ物をグチャグチャにしたり、食べずに遊んでばかりで困ります

行動の意味

好奇心からの遊び食べと、飽きてしまっての遊び食べがあります

食べさせることに力を注ぐのではなく、子どもがこぼしても、手づかみでも、「自分で食べたい」という意欲を支えてあげることが大切です。「これは何だろう？」という、好奇心から食べ物をつかんだり、こねたりする遊び食べなら、肯定的に見てあげ、少しはやらせてあげましょう。食べる気持ちがなくなり、遊び出す場合は、それが習慣化しないように注意が必要。少しでも食べさせようと、子どもが遊んでいるところにごはんを持っていって食べさせようとする人もいますが、食事と遊びの区別がつかなくなってしまうので、それは避けるべきです。

対応法

原因を見極め、飽きていたら「もう、おしまい」

食べたくなくなっての遊び食べの場合、「もういらないの？」と聞いて、食事を終わりにするか、子どもに判断させます。

「いらない」と答えた場合は、戻ってきてもあげないということをわからせたうえで席を立たせ、戻ってきても食べさせないようにします。

これを3日も続ければ、遊び食べはしなくなります。

ただし、食欲がなくての遊び食べは、なぜ食欲がないのかを考えましょう。

おやつの量が多すぎる、食事の時間に差しつかえている、運動不足などが考えられるほか、食事の量が多すぎることもあります。

子どもが食べられる量を加減し、食べられたときは「よく食べたね」とほめることで、食べる楽しみが生きる喜びにつながることを、伝えてあげましょう。

悩み 指さしするのに、なかなか言葉らしい言葉が出てきません

行動の意味

指さしは言葉の前兆ですが、言葉の育ちは個人差が大きいものです

10か月から1歳にかけて、発見の喜びや驚き、「何で」と疑問に感じることを、大好きな大人に伝えようと、盛んに指示するようになります。

さらに自分の欲しいものがあると、指さしと同時に「あっあっ」と声を出して大人の注意を引こうとします。

人さし指をコミュニケーションの道具として使うようになってきたのです。そうなってくると、言葉が出てくるようになりますが、言葉の育ちは個人差が一番大きいので、まずはほかの子と比べないことが大切です。2歳ごろまでに意味のある言葉が出てくれば、ほとんど心配はありません。

対応法

言葉を聞いて行動に移せるかを要チェック！

言葉が出るか出ないかよりも、言葉を聞いて理解し行動がとれているかが重要です。
「お散歩に行こうね」といえば靴を履きに行ったり、
「歯磨きしようね」といえば洗面所に行くなど、
言葉と行動が結びついているかどうか日ごろの様子を観察しましょう。
また、まねっこをする力も大切です。大人のいった言葉を楽しんで
くり返すようなら、人への興味や関心も育っている証です。
言葉でいえなくても、声を出してやりとりが成立するようなら、
コミュニケーション力も育っています。
子どもが「ワンワン」と一語文で話したら、一語でいい表せない隠れた言葉を代弁し、
「ワンワンがいるのを見つけたのね」などと、
その子が伝えたいと思っている気持ちを丁寧に言葉にしましょう。
やがて子どもはその言葉を聞いて、二語文、三語文がいえるようになっていきます。

テレビやビデオをずっと見ているので、目が悪くならないか心配です

悩み

行動の意味

テレビばかり見る子は、自分から遊ぶ楽しみを見出せないサイン

家事や仕事が忙しいと、
ついついテレビに子守りをさせてしまう大人も多いようです。
テレビは、子どもにいい影響もありますが、悪い影響もあります。
テレビをつけっぱなしにするのはテレビの音声に混じって
肉声が入ってくるので、聞き分ける力が育ちにくくなります。
乳幼児期は自分の体を使って、見たりさわったり、五感を育てていく時期。
ところがテレビばかり見ていると、
実体験が乏しくなり、体験不足、運動不足にもなります。
一方的に言葉を受け取るだけなので、自分の気持ちを伝える言葉や、
ほかの人の気持ちを感じる力の発達が阻害され、
コミュニケーション力にも影響します。

対応法

見る時間を決め、テレビ以外の楽しみを実感させてあげましょう

一般的に、視力は2歳児で0・5、3歳児で1・0といわれるように、視力がまだ十分に育っていないので、テレビを長く見続けるのはよくありません。最近は子どもの近視が増えてきているので、見るときは、部屋を明るくし、テレビの画面の高さの3倍は離れ（液晶テレビの場合）、30分見たら消すことを心がけましょう。1日に見る時間は、長くても1時間～1時間半とルールを決めるといいでしょう。

子どもは、親との会話や遊びのなかで、直接顔を合わせて実体験を共有することで、親子の絆を育み、体や脳を成長させていきます。

五感を養うためにも、テレビに頼らず、一緒に絵本を読んだり、外で遊んで自然に触れるなど、もっと違う楽しみがあることを伝えましょう。

毎日夜10時ごろまで起きています。
早寝早起きさせないとダメですか？

悩み

行動の意味

早寝することで成長ホルモンが分泌します

大人の睡眠は体や脳の機能を〝維持する〟ためのものですが、乳児期の睡眠は体や脳の機能をつくるためのものです。

起きている間に五感を使って得たさまざまな情報を、眠っている間に記憶として整理し、大脳を発達させているのです。

さらに、生後3か月ごろからは睡眠中に成長ホルモンが分泌するようになります。

それによって、体の新陳代謝をうながし、細胞組織を修復し再生するので、夜更かしさせず、早寝の習慣をつけることが大切です。

対応法

寝る前の決まりごとをつくり、早寝を習慣にする

夜更かしを防ぐためには、寝る前に入浴する、本を読む、子守歌をうたうなど、決まりごとをつくると、就寝時間が定まってきます。また、就寝30分前にはテレビを消し、気持ちを落ち着かせ、寝る時間になったら、部屋を暗くして遊べない環境をつくるのもひとつの手です。いつまでも明かりがこうこうとついていると、寝つけないことも多いのです。パパの帰宅が遅く、寝る時間と重なってしまうと興奮して起きてしまうことも。帰宅時間をずらしてもらうか、遊ばずに本を読んであげるなどの工夫が必要です。また、昼寝は休息にすぎないので、長く寝かしすぎないよう、1時間半くらいで起こし、日中は体を動かして十分遊ばせるのも重要です。

コラム

自己肯定感を育てるほめ方とほめ言葉

子どもは誰でも、ほめられるとうれしくなります。自分のしたことをほかの人が認めてくれた、と感じ、ほめられたことでその人を信頼するようになります。もう少し大きくなると、ほめられることで、何をすれば人が喜んでくれるかわかるようになり、自己肯定感が育っていきます。

ただし、ただほめればいいわけではありません。何でもほめすぎると、他人からの評価に敏感になってしまいます。また、ほめさえすれば育つと思うのは間違いです。「すごいね」「えらいね」「格好いいね」という画一化したほめ言葉では、どこがいいのか、何がいいのか、子どもには伝わりません。人格をほめるのではなく、まずはその子らしさを認めて、その子の育ちをほめましょう。たとえば絵を描いていたら、「上手ね」ではなく、「グルグルがとっても元気に描けてるね」「いろいろな色を使って楽しそうだね」などと認めてほめるといいですね。3歳以下の年齢が小さいころは、言葉だけではなく、手を握ったり、抱きしめたりとスキンシップをとることで、子どもは安心感を得られます。また、ほかの子と比較してほめるのはNG。それでは優越感しか育ちません。「おりこうさんね」など、大人の評価を与えるほめ方もあまりよくありません。それよりも、「お手伝いしてくれてうれしいよ」「ひとりで着替えができたね」など、大人の気持ちを伝えましょう。

悩み　毎晩寝るときおっぱいを飲まないと寝てくれません。どうすれば上手に断乳できますか？

行動の意味

食事の自立は、生きる力の原動力になります

断乳を決意する理由は、仕事復帰や次の子の妊娠、母乳トラブル、離乳食が進まないなど、たくさんあります。一般的には、母乳以外から栄養が摂れるようになる10か月～1歳前後がチャンス。

水分がたくさん必要になる夏場や、保育園の入園時期など変化があるときは、子どもにストレスがかかるので避けるとよいでしょう。

ただし、夜だけおっぱいを求める子は、それが精神安定剤になっているので、2歳ごろまでの断乳をおすすめします。

対応法 お母さんの決心と、お父さんの協力をもって決行！

断乳は母子にとってつらいこと。子どもの泣く姿に、お母さんが耐えられなくてあげてしまうことが一番多いので、どんなに泣いても、手を握ったり、子守歌をうたったりして通します。そのときだけはお父さんやおばあちゃんに寝かせてもらうようにすると、子どももあきらめてくれます。日中も、疲れてぐっすり眠れるように、たくさん体を動かして遊ぶと、心の満足感も得られ、おっぱいに気が向かなくなります。そうして過ごしていると、だいたい3日間くらいで断つことができます。激しく泣くので、水分補給が必要になることもあります。そんなときは、コップでお水やお茶などをあげて気持ちを落ち着かせると、それで寝てしまうこともあります。

悩み

自分の思うとおりにならないと、ものを投げたり、奇声を発するので、困ってしまいます

行動の意味

自己主張の表れなので、心配する必要はありません

喃語《なんご》を話すようになる乳児なら、声を出すのが楽しかったり、興奮して奇声をあげることもあります。

それが1歳ごろになると、自分でいろいろできるようになり、自己主張が強くなって、欲求が激しくなります。

でも、上手に言葉にできないため、イライラして奇声を発したり、ものを投げたりしてしまうのです。

対応法

子どもの気持ちを言葉にしてあげましょう

奇声を発したときは、「そんな大きな声を出しちゃダメ！」と、ただ怒るだけでは、子どもは余計エスカレートしてしまいます。

「もし言葉がいえたら、何ていうだろうな？」と、子どもの思いをつかんで、「まだ遊びたいの？」「これが欲しかったの？」などと、その子が本当に伝えたかった気持ちを言葉にしましょう。

大人と通じ合える喜びを感じとることで、やがて子どもは会話の楽しさを知ることにつながっていきます。

自分で思ったこと、訴えたかったことなどを言葉でいえるようになると、奇声を発したり、ものを投げるといった行動は減っていきます。

悩み　何をするにもイヤイヤでどう接したらいいのか？

行動の意味

自我の芽生え＝子どもの独立宣言です

今まではママとの一体感から、何でも理解されてきましたが、自我が芽生えると、自分自身の意思や感情がはっきりしてきます。

「ごはんにしようか？」と誘えば「イヤ！」、「寒いから上着を着ようね」といえば「ダメ！　着ない」と逃げていきます。

「ぼくはこうしたい」「私はこれが好き」など、何でも自分で決めたい

と願い、大好きな大人にぶつかっていく体験をすることになります。
大人のいっていることはわからないではないけれど、
今は大人の言いなりに行動したくない
自分なりの心の世界の誕生を意味します。大人としては、
大人のいうことを聞かなくなった、
「扱いにくくなった子」と困った姿として見てしまいがちです。
自己主張をするようになってきたことを
大切に認めていきたいものです。
要求が通らなければ、泣き叫ぶこともあるし、
大声をあげることもあります。
かといって、何でも言いなりになるのはNG。
子どもの主張を受け止めたうえで、
お互いに折り合いをつけることを教えていきましょう。

対応法は次のページにあります。

対応法

お互いに折り合えるところで約束をする

この時期は、他者とぶつかりあい、自分の思っていることと大人の思っていることが違うことに気づくことが大切。

また自分の要求が常に通るわけではないことを学ぶチャンスです。

信頼できる大人とぶつかりあい、人との葛藤を切り抜けることを知っていきます。かといって、自我が芽生えてきた子どもに、「そんなこといっちゃダメよ」とか、「ちゃんということ聞きなさい」と、一方的に叱ると、単なる親子戦争で終わってしまい、せっかく芽生えてきた自我の芽を摘み取ってしまいます。

まずはイヤイヤを受け止め、頭から否定しないで、なぜイヤなのかを理解しましょう。

たとえば、「ごはんまだ食べたくないんだ。パズルがやりたいんだね」といった具合に、子どもの気持ちを代わりに言葉で表現してあげましょう。そのうえで、「でも、お母さんは時間が遅くなっちゃうから、もう食べてほしいの。これだけやったら、食べようね」と、親の考えを伝えます。子どもは要求が通らなくても、ひとりの人間として尊重されている、気持ちがわかってもらえている、と伝われば、我慢できるようになっていきます。

自己主張や長泣きはわがままではなく、混乱しているだけなので、「困っているのね。どうしていいかわからなくなってしまったのね」と、大人が待ってあげれば、気持ちが収まってまわりの状況が見られるようになります。折り合いをつけるとは＝会話をすること、のはじまりです。親の考えをちゃんと伝えていくことで、人の気持ちを大切にしよう、という心も育っていきます。

悩み

毎日いたずらばかりで、ほとほと困っています

行動の意味

小さな科学者が一生懸命学習している姿です

ティッシュを何枚も引き抜いたり、タンスの中身を床に全部出しちゃったり。いたずらは、興味、関心、好奇心の賜物で、探究心の旺盛な小さな科学者が、頭の中で「これはどうなってるの?」と、考えながら学習している姿なのです。手は突出した脳ともいわれるように、その動きに子どもの興味が表れます。

自分の要求に従って行動することで、自分のやりたいと思ったこともやれるんだという意識が芽生え、自発性が育っていきます。いたずらをくり返すことで、同時にものを扱う力も育っていきます。

対応法

たまには大目に見て、やらせてあげましょう

子どもが目を輝かせて夢中になっていたり、
自分の世界に没頭している様子があるのなら、
子どもの成長のために大目に見てあげることも大切。
いたずらを否定して厳しく叱ると、だんだん自発性が育たなくなり、
自分からいろいろなものに対して働きかけなくなります。
「これくらいだったら、やってもいいかな」ということは、
許容してあげましょう。ただし、いたずらされて困るものは、
なるべく子どもの手の届かないところにしまっておくこと。
また、危険なことやどうしても困ることはやめさせる必要があります。
その場合、単にダメというのではなく、
「お花抜いちゃったら、植えたおばあちゃんが悲しがるよ」など、
なぜダメなのかを真剣に訴えることが、思いやりの気持ちにもつながります。

コラム

自己主張とわがままの違い

自分が誰であるかわかるようになる2歳前後の子どもたちは、大人の指示などに対して「イヤ」「ダメ」と拒否の言葉を発し、「自分のことは自分で決めたい！」といわんばかりに自己主張をはじめるようになります。いわゆる自我の芽生えです。人とぶつかりあうこともありますが、相手に自分の思いを理解してもらい、自分の要求を言葉で表すことはとても重要です。自分の思いどおりにしようとする＝自己主張することで、相手の意図や思いに気づき、何ごとも自分の思いどおりにはならないことを学んでいきます。それではわがままとは何でしょうか？

わがままはというと、他人の迷惑などを考えず、自分の思いを押し通すことです。この時期の子どもは、自己主張もわがままも分別がつきません。だからこそ、大人の判断が大事で、自分さえよければ他人はどうなってもいい、という子どもの主張に対しては、「それは困るよ。○○ちゃんがイヤだっていってるよ」などと伝え、要求をより社会的な方向へ。人とのかかわりの中で、要求が通されるものであるかどうかを知っていく力をつけていくことが求められます。ところが、大人の機嫌次第で要求が通ったり、通らなかったりと一貫性がないと、子どもは混乱します。気まぐれな大人ほど、わがままを育ててしまうのです。

自己主張を尊重しつつも、一貫性をもって、どういう要求が通り、どういう要求が拒まれるか、受け入れられるものと拒否されるものを子どもが嗅ぎ分ける力をつけさせることが、大人の役目です。人はひとりでは生きていけません。他者の立場を知らせつつ、我慢できる力を育んでいきたいですね。

2歳児

頑固なまでに自己主張するようになる

自己主張の表し方は言葉よりも行動先行

2歳児の発達の特徴は、大きく3つ考えられます。ひとつ目は「強情&駄々こね」。今まではママに手を引かれて歩いていたのが、ママがやってあげようとすると、何でも「イヤ！　自分で」と反発します。いわゆる親子戦

争がはじまってしまう場面も。自分に誇りをもつようになるので、扱いにくいと感じることもあるかもしれませんが、「いうことを聞きなさい！」「それじゃあダメよ」などとせっかく芽生えた自我を摘み取ることなく、子どもが安心して自己主張できると思える環境をつくることが大切です。

ふたつ目が「独占欲」。好きなものは自分のものにしたいという気持ちが強くなるので、ものの奪い合いやけんかも増えます。

そして、3つ目が「言葉より行動が先行してしまう」ところ。自分の要求をまだ言葉で伝えられないので、通してほしいといえずに押したり、貸してといえずに取ったりしてしまうのです。だからこそ、その行動の意味をわかろうとしていくことが重要です。

悩み

いつもと違う道を通ると、駄々をこねてなかなか進みません

行動の意味

自分のつもりにこだわっているからです

記憶力が発達し、自分の要求、願いを
頭に描けるようになってきます。
「この道を通ると大好きなバスが見られる」
「あそこの家のワンちゃんが見たい」などと、自分のなかに
「そのつもり」があるのに、大人が拒み、
いつもと違った道を行こうとすると、
泣いたり騒いだり駄々をこねて、
自分の思いを押し通そうとするのです。

対応法

つもり＝自己主張を尊重しましょう

「つもり」＝自分の考え。

自分のしたいと思うことに誇りをもつようになるので、なるべくその「つもり」を大切にしてあげましょう。無理なときは、「バスが見られなくて悔しいね」と、まずは子どもの感情を言葉にしたうえで、「でも、今日はお母さん急いでいるから、こっちの道から行かせてね」と、しっかりと親の考えを伝えるようにします。

そうすると、子どもは自分の気持ちをわかってもらえた喜びから、気持ちの立て直しがしやすくなり、

また、人の気持ちを大切にしようと思うようになります。

悩み

一日中走りまわっていて、落ち着きがなく困ります

行動の意味

2歳児の特徴であり、エネルギーがありあまっている証拠です

走りまわる2歳児、といわれるほど、片時もじっとしていません。
知的好奇心も増し、走りまわっている姿こそ、2歳児の特徴ともいえます。特に男の子に多く、今まではヒザの上におとなしくすわっていたのが、部屋中走りまわったり、ジャンプしたりと、

親にとっては気が気ではありません。この時期は、
自分の求めに従って行動したいので、
廊下でお兄ちゃんが走っていたから、自分も走りたいなど、
動きまわるのが本来の姿です。
今まではさほど心配がなかったのに
急に落ち着きがなくなってきた子どもは、
情緒不安定が原因になっていることも考えられます。
両親がけんかしたり、お母さんの体調が悪かったりと、
心に不安があると落ち着きがなくなることもあります。

ただし、理由がわからずに落ち着きのない子は
多動の傾向が考えられます。大人と目を合わせない、
話すことが伝わりにくい、また、外に行っても
遊ぼうとしなかったり、遊ぶことを楽しめなかったり
する場合は、専門の先生に相談することも大事です。

対応法は次のページにあります。

対応法

静と動の環境をつくり、エネルギーを発散

何かに集中できる時間が短いので、
すぐ飽きて動きまわってしまうこともあります。
保育園や幼稚園のように大勢の子が遊んでいると、
それだけで目移りして集中できないことも多いです。
まず、本当に好きなものに出会えるといいですね。
園では好きな（集中できる）おもちゃを子どもが見つけたら、
ついたてを用意するなどしてまわりが見えないようにし、
その子だけの集中できる環境をつくっています。
おうちでも、使わないおもちゃは片づけたり、
目移りするおもちゃに布をかけたりするといいでしょう。

落ち着きのない子の中には、自分で何がしたいか、何をするつもりか、目当てがないことが多いです。自分がやることを求めて動きまわるので、「そっちへ行ってはいけません」「ちゃんと座ってなさい」と注意ばかりするのは逆効果です。「花壇のお花にテントウムシがいるから、見てみようよ」などと、子どもが喜ぶ目当てをもたせてあげることも必要。また、落ち着きがなくなる理由として、騒音（テレビの音など）や大人が口うるさく干渉しすぎる、といったことも挙げられるので、気をつけたいです。

心に不安がある子の場合は、受動運動やじゃれつき遊び（肩車、ひこうき、でんぐり返しなど）で、ダイナミックに体を動かし、スキンシップをとり、心を落ち着かせましょう。体力がついてきてエネルギーがありあまっていることも考えられるので、ときには戸外や園庭に出て、思いきり体を使った遊びをするなど、静と動の環境をバランスよく取り入れるのがおすすめです。

悩み

おもちゃをひとり占めして、お友達に貸そうとしません

行動の意味

独占欲が強くなってきた表れです

自分の好きなものは自分のものにしたい、という欲求が芽生える時期です。

しかも、2歳児には、自分のものと友達のものの区別がまだつかないうえ、貸したら戻ってくるという意味がわかりません。

そのため、おもちゃの奪い合いも増えますが、そんなに目くじらを立てる必要はありません。

対応法

使っているものは、貸してあげることだけを求めない

貸してあげない子＝ダメな子、と大人は考えがちですが、そんなことはありません。

貸すか貸さないかは子どもが決めること。

無理に貸さなくてもいいのです。使っているものを「貸してあげなさい」と命令せず、「どうしたい？」と聞いたうえで、貸したくない子どもの気持ちを尊重して「ごめんね、今遊んでいるから貸してあげられないの」と、代弁することが大切。

「たくさん遊んだら交代しようか？」など、大人の考えを伝えるのもよいでしょう。

悩み

すぐ抱っこ抱っこと、甘ったれで困ります

行動の意味

抱っこは「心の浮き輪」、子どもにとってもっとも安心できること

とかく、子どもはすぐ「抱っこ」といいますが、いろいろな場面によって、抱っこの意味合いも異なります。

知らない人と出会って不安なときや、困ったとき、転んで痛いときなどは、必要不可欠な存在であるお母さんにまずは抱っこをせがみ安心したいのです。

人間以外の動物は、危機的状況におかれると必死で逃げますが、人間の子どもだけは、泣いたり抱っこを求めます。

抱っこは心の浮き輪であり、避難場所なのです。

また、一緒に歩いていてすぐに抱っこという場合もあります。

子どもは大人のように目的をもって歩いているわけではないので、少し歩くと飽きてしまうこともあります。

決して足腰が弱いわけでも、疲れているわけでもありません。

対応法

甘えは大事。たくさん抱っこしてあげましょう

抱っこを求められたら、甘ったれで困る、ではなく、「不安だったの？」「痛かったの？」と、言葉にして安心させて、できる限り抱っこしてあげましょう。子どもは抱っこされて安心し、自立していきます。抱っこは信頼感を表し、精神生活に欠かせない役割をもちます。

抱っこができない場合でも、手を握ったり、抱っこできない理由を説明してあげましょう。子どもはひとりの人間として尊重されているとわかれば、我慢できるものなのです。一緒に歩いているときの抱っこは、「あそこの電柱までね」など、目標を決めて折り合いをつけたり、「ワンワン、見に行こうね」「お店まで行こうね」など、子どもにも目的をもたせるといいでしょう。

決して、「歩かないと置いていくよ」などという言葉はかけてはいけません。子どもにとって置き去りにされるのが一番の恐怖なのです。

お友達をひっかいたり、かみついたり。
うちの子、乱暴なの？

悩み

行動の意味

うまく言葉にできないため行為に表れます

自分の思っていることや考えていることなどを
まだうまく言葉にすることができないため、
感情の表現手段としてかみついたり、ひっかいたり
などの乱暴な行為をします。
では、どういうときにかみつきが起こるのかというと、
友達に攻撃されたときはもちろん、
体調が悪いとき（寝不足や便秘など）、

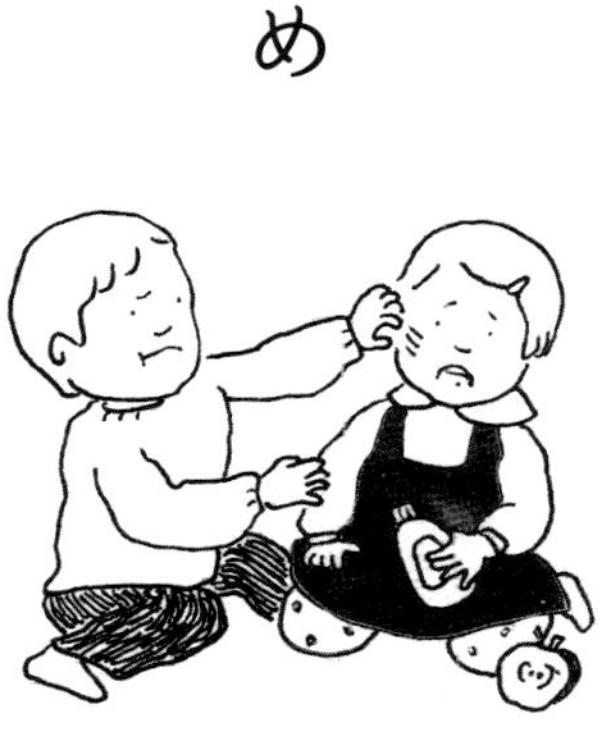

ストレスがたまってイライラしているとき、
疲れが出てくる週末なども
かみつきをすることがあります。
友達と遊んでいて、
自分の思いどおりにならなかったりすると、
一緒に遊んでいる子にかみついて
しまうこともあります。
逆に、友達に叩かれたり、おもちゃを奪われたりすると、
自分を守ろうとかみつくこともあります。
必ず何らかの理由があり、
決して特別な問題行動ではありません。
かみついたあとの対応が重要であり、
言葉で上手に表現できるようになれば、
徐々に乱暴な行為はなくなります。

対応法は次のページにあります。

対応法

ダメなことはダメと毅然と叱る

かみつきやひっかきをしたときは、
「かみつきは、めっ！」と、短い言葉で厳しく叱ります。
生やさしい言い方では効き目がありません。
そして、子どもが落ち着いたら、なぜかみついてしまったのか、
そのワケを考え、
「本当はお友達が使っているおもちゃが欲しかったの？」
などと言葉にしましょう。
言葉の意味が十分に理解できなくても、

「危ないからね」「かみついたら痛いでしょ」
「貸してって聞いてみようね」と、
きちんと説明することによって、
自分の考えや気持ちを言葉で表現する方法を
少しずつ覚えていくでしょう。
また、かみつかれた子が痛い思いをしていることを、
かみついた子に感じ取らせ、
根気よく、かみつきはしてはいけない行為だと話します。

かまれた子には、かまれた跡を水で洗い流して冷やします。
傷がある場合は、消毒しましょう。
かみつきをしてしまった子が、
かまれた子どもの痛みを感じとれるようにする援助が、
もっとも重要ではないでしょうか。
かまれた痛みよりも、大人たちが大げさに騒いでショックを
与えないように配慮することも大切です。

おもちゃを取られても取り返せなくて、じれったいんです

悩み

行動の意味

子どもの個性であり、決して弱虫ではありません

子どもには、一人ひとりにかけがえのない個性があります。
生まれつき内気な子や、おとなしくて、
「返して」といえない子がいることを理解しましょう。
決して、「弱虫ね、返してもらいなさい」「情けない」などと
大人の気持ちを子どもにぶつけてしまわないこと。
子どもの気持ちを親が受け止め、
どうしたらいいかを伝え、子どもを守ってあげましょう。

対応法

安心感を与えることが、子どもを強くします

そんな場面に遭遇したら、
「お母さんと一緒に返してっていってみる?」と子どもに聞いたり、
その場で「取らないでね」とお母さんがいってあげることも大事です。
取られまい、とする行動を見せたら、そばに行って、
「取らないでって思っているのね」と言葉にしましょう。
お母さんが子どもの気持ちを代弁してあげることで、訴えれば返してもらえるんだ、
ということがわかり、自分でもだんだんいえるようになっていきます。

守ってもらえている、という安心感から子どもも強くなっていきます。
今おとなしくても、それがずっと続くわけではありません。
何かのきっかけで自信がついてくれば、いえるようになります。
今はこれでいいと、気楽に考えましょう。

悩み

親に遊んでもらいたがり、ひとり遊びをしません

行動の意味

ひとり遊びは自己発揮の原点であり、思考の源泉

ひとり遊びは、誰からも干渉されず、自分のイメージに従って自分の「つもり」を実現していく、主体性の発達に欠かせない遊びです。思考行動をうながしていく活動でもあり、自分の興味、関心、好奇心を外に表しながら、最大限に自己発揮していきます。

ひとり遊びを十分楽しめると、後々友達遊びになっていったときに、単に友達のいうなりにならず、自分の発想や考えを友達にぶつけながら、統合していく力が育っていきます。

その大切なひとり遊びができないとしたら、その原因は何でしょう？

親に遊んでほしいと依存してくるのは、環境の変化（下の子が生まれたなど）によって不安感が生じたり、過干渉や過保護といった傾向が考えられます。

対応法

興味、関心があるものを見つけてあげる

子どもが興味、関心をもって見ているものを見つけ、その子がやりたいと思える遊びをさせてあげましょう。

道具だけ与えても遊び方がわからない場合があるので、最初のうちは一緒に遊んであげることも大切です（ただし、よけいな手出し口出しはしないこと！）。

実際体験することで、いろいろ遊び方がわかってきたな、と思ったら、少しずつ離れていきましょう。

ひとり遊びが楽しめると、やがて、友達遊びも楽しくなっていきます。

悩み
虫や生き物に乱暴するので、今後が心配です

行動の意味
好奇心が旺盛な証拠です

アリを見つけると砂をかけたり、踏みつぶしたり、水をかけたり、シャクトリムシをちぎってみたり…。虫に対する行動が残酷で心配になりますが、残酷なのではなく、好奇心が旺盛なのだと思います。

このころは生と死との区別がつかず、動きまわるものへの興味が高く、止まっているもの＝死ととらえます。

折り紙で作ったハトを吊るし、風で動くとハトが生きていると思うし、死んだ虫をおもちゃの車に乗せて動かすと、「虫さん生きてるよ」といったりもします。

対応法

無理にやめさせず生き物と触れ合いましょう

動くものへの関心が高く、動きのあるものを見ると、衝動的に止めたくなり、足で踏みつぶしたりします。ネジで動くおもちゃの虫も、生きている虫もまだ区別がつかないので、やめさせる必要はありません。


ただし、死んでしまったら、「アリさん死んじゃったね」「動かないよ、どうしたんだろうね」と、やったことの結果に気づかせましょう。死ぬと二度と動かなくなるということを知らせていくとよいです。この時期は、生き物に触れながら、遊びながら、生命の不思議を感じ、とらえるようになっていきます。

やがて、命あるものとそうでないものの区別がついていきます。

幼少期は触れ合うことで、かわいがる気持ちも育まれていきます

悩み

何を与えても、すぐに飽きてポイポイ

行動の意味

長続きしない理由は、多々あります

子どもが飽きてしまう理由はおもに3つ考えられます。

1　ものを与えすぎているのかもしれません。
その子が本当に興味をもつことをやらせてあげれば、
長続きするようになり、
根気強さも育っていくのではないでしょうか。

2　この時期の子どもは、何かひとつのことで遊んでいて、
急にほかのことをはじめ、また戻ってきてもとの遊びをやり出す
という姿をよく見ます。子どもは遊びながらいろいろなことを発想し、
今思ったことをやろうとします。
その子にとっては、連続しているつもりの行動でもあります。

3　おもちゃの楽しみ方、遊び方がわかっていない場合もあります。

対応法

一つひとつのものの大切さを伝える

1の場合は、ものを与えすぎていないか確認を。

次々に新しいものを与えることで、ほかのものに目移りしてしまい、その結果、飽きてしまうことに。

子どもがどんなことに興味をもっているかを見つけてあげましょう。

そして、子どもが遊びに熱中しているときは、大人は介入せず、やっていることを尊重し、そっと見守りましょう。


2の場合は「片づけてからいきなさい！」とうながすのではなく、子どもがどんなつもりで離れたかをなるべく理解し、言葉にしてあげましょう。


3の場合は、楽しみ方がわかっていないので、子どもの相手をして一緒に遊び、ともに遊ぶ楽しさや、遊び方を伝えるといいですね。

興味のないものは、少しの間しまっておくのも一策です。

コラム

「怒る」と「叱る」は違います

毎日忙しいと、つい感情的になって子どもを「怒って」しまうことも多いもの。でも、「怒る」は、大人が感情のいら立ちをコントロールできず、子どもにあたること。特徴的なのは「あなた」言葉で、「(あなたは)どうしてできないの」「(あなた)何やってるの！」と、子どもを非難するため、「あなたはできない子なのよ」というレッテルを貼ってしまう結果に。

逆に「叱る」は、なぜ、それがいけないかをわからせることで、

「わたし」言葉で伝えます。「わたしはこうしてほしい」「わたしはこんなことしてほしくなかった」など、大人がどう思っているか、大人の気持ちや考えを訴えることなので、信頼関係も崩れることはありません。主語をあなたからわたしに変えるだけで、伝わり方がまったく違ってくるのです。

何を叱るかも大切なことです。食事をこぼした、おもらししたなど、不注意や失敗を叱ることはありません。頭ごなしに「何でこんなことしたの！」とガミガミいうよりも、どうすればよいかを具体的に示してあげないと、同じことをくり返します。子どもがどんなつもりでしたのかを理解しようとしたり、子どもの発達を知っていれば、むやみに叱らずにすむことがたくさんあります。また、叱るよりもほめるほうを多くしましょう。叱られることが少なければ少なくなるほど、子どもの生活は楽しくなります。

3歳児 何でも一番！自信家

言葉も運動能力も めざましく発達

話せる単語が増え、言葉で自分の思っていることや考えをいえるようになります。人とつながることの喜びも実感でき、大人が相手なら対話ができるようになり、社会性の育ちに大事な力がついてきます。で

すから、この時期、対話をどう育てるかが重要です。また、親離れができるようになってくるのもこのころ。自分の思っていることと、親が考えていることが違って当たり前なんだ、ということに気づき、親が自分の思いどおりにならないことに、耐えられるようになっていきます。

ほかにも、運動能力が高まり、バランス感覚が著しく育ちます。高いところに登ったり、飛び降りたりと何でもやりたがり、目を離せない場面も。友達に関心をもつようになり、友達のまねをして、何でもやりたい気持ちも強くなります。お花の水やりや食事の用意など、大人のお手伝いもできるようになります。自我がさらに強くなり、けんかも多くなりますが、友達と遊ぶ楽しさを知ることで、人に寄り添えるようになっていきます。

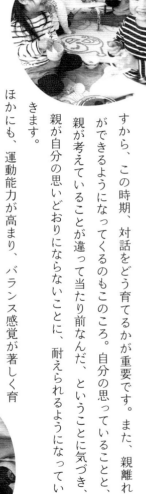

悩み

何で順番が待てないの!?

行動の意味

「順番」という言葉がわかっていないのです

興味のあるものにすぐ手が出てしまう
時期であり、何でも"一番"になりたがる3歳児。
待てば必ず自分の番がくるという、
先を見通す力が
まだ育っていないことも考えられます。
そういう意味で待てないのは
当たり前なのかもしれません。
「順番よ」という、その言葉の意味自体を
わかっていないことが多いかもしれません。

対応法

くり返し、具体的に言葉をかけましょう

子ども同士の間では、
順番が守れなくてよくトラブルになります。
そんなとき、保育者が仲立ちになって、
「Aちゃんが先に並んでいたから次がBちゃんね」など、
具体的に友達の名前を出して、言葉をかけてあげましょう。
くり返し行うことで、待つという感覚が培われます。
順番を待つというルールを守らせることは大切なので、
待つことができたときは「よく待てたね」と、
ほめるといいでしょう。

悩み

指しゃぶりは、いつまでに終わればOK?

行動の意味

指を吸うことで心を安定させています

かつて、指しゃぶりは欲求や不満があるときの行為だと考えられていましたが、必ずしもそうではありません。

寝るときや遊んだあとなど、行動の切り替えのときに行っている場合は、気持ちのコントロールであり、心配する必要はありません。

ただ、始終吸っているような場合は、何か不安を抱えているサインかも。たとえば、子どもが昼寝しているとき、目を覚ましたらお母さんがいなかったなどのことがあり、不安になって指しゃぶりするようになったのかもしれません。

どんなとき指しゃぶりをするのか、いつごろ始まったのかなど、理由を考えてみましょう。

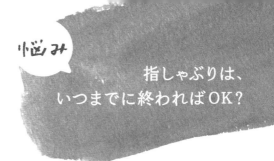

対応法

〝焦らない〟〝叱らない〟が鉄則です

「また指吸ってる!」「やめなさい」などと、しょっちゅう注意していると、陰でやるようになるので、叱ることは禁物です

寝るときなら手を握って安心させたり、遊んでいるときなら、手を使う遊びをうながすなどの援助をしましょう。

ときには、「4歳のお誕生日になったらやめられる?」など、自分自身でやめようという気持ちをもたせるきっかけをつくってあげるのもひとつの対応法です。

悩み 公園に行くたびに、お友達とけんかになってしまいます

行動の意味

自己主張のぶつかりあいなので理由が大切

3歳児のけんかは、イメージの違いや思っていることの違いによることが多いです。

たとえば、積み木で乗り物を作っている際、Aちゃんは、これはバスだといい、Bちゃんは、電車だといって、けんかになります。

これは自己主張のぶつかり合いなので、お互いの考え、イメージを聞き出し、何でけんかになったのか、理由を知ることが重要。

最近は、けんかをしない子が増えてきています。

けんかしちゃダメ、という価値観を与えないようにしましょう。

対応法

大人は解説者になって かかわりましょう

けんかをした理由に立ち戻り、
大人が補いながら子どもにわかるように解説し、
子ども同士がわかりあえる仲立ちをします。
すぐに裁判官になって、先に手を出したほうが悪いなどと
判決を下すのではなく、なぜけんかになったか
その原因をお互いにわかり合えるようにする
解説者になることが大人の役割なのです。
けんかがはじまるとすぐ、謝らせる大人もいますが、
振り返りもできないうちに、
形だけ謝らせても意味がありません。
それよりも、けんかをしてもあとで仲良くなることができるのが、
子どもの世界では大事なことです。

悩み

朝から晩まで「何で」「どうして」を連発

行動の意味

好奇心、想像力が育ってきた証です

好奇心が旺盛になり、思ったことや考えたことも言葉でいえるようになってくるので、生活のなかで思いついた疑問や感じたことを、次々に発信してきます。この時期の子どもにとって、自然界は不思議でいっぱい！「どうして空は青いの？」「何で雨が降るの？」など質問が増えてきます。

また、体や生と死に対する関心も高まり、
「赤ちゃんはどこからきたの？」「ママも死んじゃうの？」
「私には何でおちんちんがないの？」などと、
簡単に説明できないような難しい質問もたくさんしてきますが、
子どもが普段、何をどう感じているか、
何をきっかけにしてその疑問がわいてきたのかが見えてきます。

3歳の「何で？」にはものごとを科学的に知りたいという願いよりは、
その子なりの想像力を働かせて知ろうとする意欲が旺盛なので、
質問を受け止め、夢を壊さないように、
想像力を楽しむユーモアのある答え方をしてあげましょう。
子どもの「何で？」にきちんと向き合い、
聞くことで、子どもの好奇心はぐんぐん高まり、
いろいろなことに関心を強め、
考えようとする力が伸びていきます。

対応法は次のページにあります。

対応法

わからなくても、一緒に考えようとする姿勢が大切

忙しいと「あとでね」「そんなことはどうでもいいでしょ」などといってしまうママもいると思いますが、ごまかしたり、無視したり、笑って、はぐらかしたりするのはよくありません。

質問することがいけないことだと感じとらせてしまうと、段々質問しなくなってしまいます。

難しくて答えにくい質問であっても、「本当にどうなんでしょうね」と一緒に考えたり、楽しむような対応をしてもらうことを子どもは求めています。

この時期は科学的に正しいことをいっても、
理解できる年齢ではないので、「いい質問だね」と
まずは質問したことをほめましょう。そして、
「何で雨が降ってくるの？」というような質問には、
擬人化してわかりやすく「お空の神様が悲しいって
泣いているからかしらね」などと答えてあげるのもいいですね。

ときには、「何でだと思う？」と
反対に質問してみるのもいいでしょう。
「ママもよくわからないんだ」と一緒に考える姿勢を
子どもに見せ、大人にもわからないことが
たくさんあるということを知らせていくことも大事です。
また、小さいころからわからないことを
図鑑や絵本で調べる方法を身につけていくと
わからないことは自ら進んで調べる習慣が
つくようになるでしょう。

すぐにものを壊してしまうんです

悩み

行動の意味

好奇心、衝動、あるいは振り向いてほしい、サインかも!?

ものを壊す原因は、いろいろ考えられます。

1 知的好奇心が旺盛で、見えないものを探ろうとしている。

2 何か心に不満や怒りを抱えていて、うまく言葉にできないため、親の注意を引こうとし、ものに八つ当たりをしている。

3 ものを大切にできなくて破壊してしまう。

まずは、どうして壊してしまったのかを考えてみましょう。

対応法 それぞれの原因を考えてみます

1の場合は、知的好奇心でやっていることなので、「壊しちゃダメよ」などと叱らず、子どもの行為を認めてあげ、「調べてみたかったの」と声かけして一緒に元どおりにしていきましょう。組み立て式の遊具を与えるのもおすすめです。

2の場合は「ママに見てほしかったの？」と声かけし、どうして壊してしまったのかを聞いてみましょう。子どもとしっかり向き合い、意識的に子どもと接する時間を増やします。

3の場合は「ものを大切にしてほしい」と訴えます。ときには、「クマさんが痛いっていってるよ」と、その行為がいけないことだと気づくように、具体的に伝えるのもいいでしょう。壊したからといって新しいものは買い与えず、不便な思いをさせることも大切です。

悩み

今まで普通に話していたのに、急に言葉がつっかえるようになってしまい、心配です

行動の意味

原因不明の一過性のものから心因性の場合も

いろいろな言葉を次々に覚え、自分の考えていることを話せるようになってくるのが3歳児。

ただし、話したくてしょうがないため、つい焦って言葉がうまく出てこず、「お、お、お菓子」とか、「あ、あ、明日」など、詰まることもあります。

また、環境の変化でおきることもあります。

たとえば、下の子が生まれた、保育園に入園したなど、心因的なことにより発生する場合もあるので、子どもを取り巻く環境を、一度見直してみましょう。

対応法

焦らず、安心させてあげましょう

子どもの話をじっくり聞かず、
「早くいってちょうだい」などとせかすと、吃音《きつおん》になりかねません。
さらに輪をかけて、大人に「もう1回ちゃんといってごらん」
「お、お、じゃなくてお菓子でしょ!?」などと強い口調でいわれると、
心がかたくなになってしまい言葉が引っ込んでしまいます。
意識させることで吃音がひどくなり、
話すのを嫌がるようになってしまうことがもっとも心配です。
せかさず、じっくり子どもの話を聞くことが大切です。
そして、伝わったことを「よくわかったよ」と言葉に出して、
安心させてあげましょう。
環境の変化によるものなら、子どもをよく観察し、
子どもの心に寄り添ってあげてください。

悩み

長男の赤ちゃん返りがひどいです。いつ終わりますか？

行動の意味

赤ちゃん返りは自然な反応ですが、いつ終わるかは個人差があります

赤ちゃん返りは第1子に多いといわれます。今まで自分だけが両親を独占し、自分の世界を両親が守ってくれていたのに、突然、弟や妹に奪われてしまったことで、甘えたい気持ちから赤ちゃん返りをしてしまうのでしょう。母親の関心を自分に向けようとして「ごはん食べさせて」「おっぱい飲みたい！」と駄々をこねたり、指しゃぶりやおもらししたりなど、子どもによって反応はさまざまですが、赤ちゃんと同じように、いやそれ以上に「○○ちゃんも大事よ」というメッセージを送って、安心させてあげてください。

対応法 一対一で甘えさせる時間をつくる

とにかく親の関心を引きたいので、
「お兄ちゃんだから」「甘えちゃダメ」と諭さず、
一日のどこかで、一対一でかかわる時間をつくりましょう。
赤ちゃんが寝ているときはヒザの上にのせて本を読んであげたり、
お父さんに赤ちゃんを見てもらって、一緒に散歩に出かけたりと、
自分も大切にされていることをわからせ、
安心感をもたせるといいでしょう。
拒否されて心が満たされないと、
隠れて赤ちゃんを叩くことも。叱る必要はありませんが、
「赤ちゃんは歩けないでしょ。自分でやめてといえないから、
そんなことしないでね」と、注意は必要です。

悩み

寝るときに性器いじりをするようになりました。どうしていいか、わかりません

行動の意味

性的な意味はなく、ショックを受けることはありません

寝るときに性器を握ったり、机にこすりつけたりと、性器をいじる子がいますが、思春期以降のマスターベーションとはまったく違います。性器いじりのきっかけは、男の子は、排尿のあとなどに手がふれて、揺すっていたらいい感じがした、女の子は、かゆくなってこすっていたらいい感じになったなどが多いようです。子どもはいけないことだと思っていないので、大人が偏見をもってしまうとかえって子どもを傷つけてしまいます。とがめたり、やめさせたりしようとすると、隠れてやるようになってしまいます。一過性のものなので、児童期にまで続くことはほとんどありません。

対応法

外で遊んで気をそらせるのが一番！

長く続く子は、活発に遊ぶことが少なく、退屈している証拠です。親との触れ合いが少ないため、寂しさを紛らわそうとしている場合もあります。

一番よい方法は、外で元気に遊ばせること！

おいかけっこなどして思いっきりストレスを発散させましょう。自慰行為をするタイミングをなくし、忘れさせることも大切です。

家にいるときに気づいたら、「お手伝いして」など、注意をそらすのもいいでしょう。寝る前の儀式のようになっているなら、寝つくまで手を握ってあげ、安心して寝かせることも大事です。

ただ、汚れた手でさわって炎症を起こす場合もあるので、「手が汚れているとばい菌が入るからさわらないでね」と、サラリと声をかけましょう。

悩み

すぐに転んでケガをするのは、何で!?

行動の意味

運動不足で基本的動作が身についていないのです

遊んでいて簡単にケガをする子や、すぐに疲れる子、人をよけて走れずよく転ぶ子が増えているようです。なかには、転んだだけで骨折したり、転んだ拍子に咄嗟に手が出なかったために頭を打ったりする子も。

日々の運動量の少なさから、基本的動作が身についておらず、ケガをしてしまうことが多いです。

最近は、子どもの知的能力を伸ばすことばかり求める傾向にあります。幼年期は、運動することで脳を活性化していきます。体を動かすことが脳を発達させることを忘れないように。

対応法

遊びが運動能力を育てます

大事なのはスポーツではなく、体を動かすことが楽しい、
と思える遊びです。遊ぶことで運動の発達が著しく育ち、
「おもしろい！」「楽しい！」と興奮することで脳の資質も育ちます。
また、友達とのコミュニケーション力の向上や、
認知的な発達にもつながります。
一生のうちでもっともいろいろな動きを習得できるのが幼児期です。
遊びによって体を動かすことで、身のこなしがよくなり、
瞬発力、判断力などが育ち、自分の体を守れるようになるのです。
ケガをさせないのが安全保育ではなく、
子どもたちが自分の身を守れるようになっていくことが
安全な子育ての一環だということを認識してほしいです。

コラム

脳と運動の関係

食と教育研究家の廣瀬正義さんによると、運動前と運動後で記憶力を調べると、運動後のほうが10～15％くらいよくなったそうです。記憶力がよくなったのではなく、脳の活性度が高まったのです。しかも、腕立て伏せなどの上半身を使った場合と、ランニングなどの持久走をやったあとでは、後者の脳の活性度がいい。筋肉を多く使ったほうが、脳の活性度も高まるといえます。

脳は使うことで働きが維持されます。脳を使うというのは、いわゆる知的な使い方と、運動的な使い方のふたつの意味があります。運動的な使い方というのはあまり知られていませんが、

出典：「子どもたちの幸せな未来[4]子どもを伸ばす家庭のルール」（刊：ほんの木）

脳を維持している筋肉を使うことで、その刺激が自然に脳に信号を送って、脳を活性化させていくということです。それがないと脳は萎縮してしまいます。

幼児期は、脳も体も急速に発達していく時期です。だからこそ、子どものときほど、運動をさせなければいけないのです。鬼ごっこや縄跳びなど、体を動かす遊びには、多様な動きが含まれています。特定のスポーツを続けるよりも、いろいろな動きを獲得するのに効果的なのです。小さいときから、転んじゃいけない、すり傷をつけたら大変だ、という子育てをしてしまうと、子どもは筋肉の発達のうえでもどんどん弱くなっていきます。体を動かして遊ぶことの楽しさを伝え、ワクワクやドキドキを通して、カラダ力をアップさせましょう！

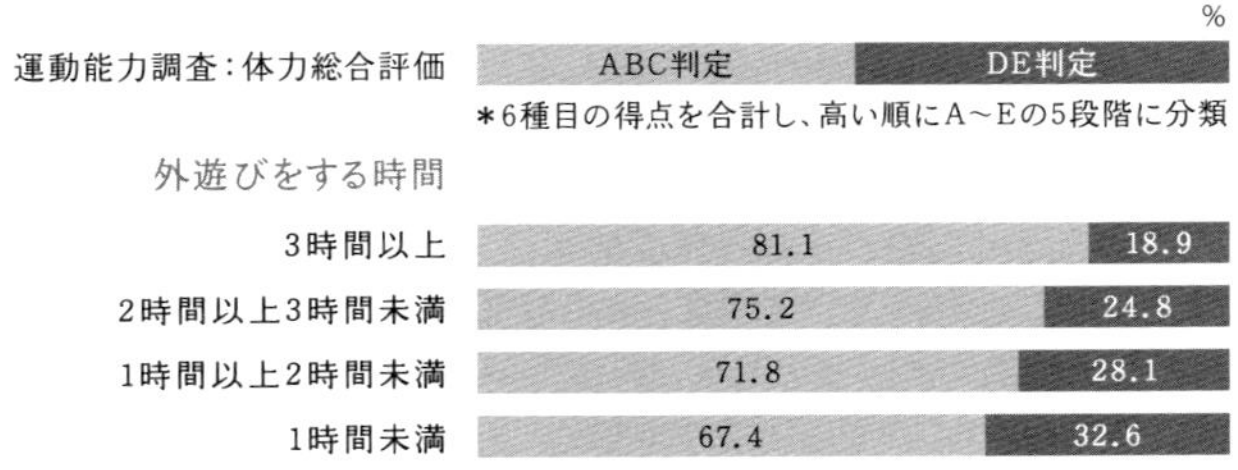

幼児の運動能力調査：体力総合評価（文部科学省、2011年）

4歳児 自分を振り返りはじめる

葛藤と向き合いながら乗り越える力をつける

自分のできないこと、苦手なことを自覚するようになります。自分の求めていることと事実が合致しているかどうか、という確認をするようになるので、「今日はよく食べたね」と安易なほめられ方をしても喜ばず、「ま

だ牛乳を飲んでないよ」と、事態をありのまま認識したり、まわりの友達と自分を比べるようになっていきます。自分中心の世界から、少しずつ友達の気持ちもくむことができるようになり、友達とのやりとりを楽しんだり、イメージを伝え合うことができるようにもなります。

また、「鉄棒ができるようになりたい」「縄跳びで20回跳びたい」など、目当てをもつようになります。それがうまくできないときは、葛藤が内面化し、人にぶつかるより、自分の中だけでイライラすることが多くなります。それで自信をなくすこともあるので、「うまくいかなくてつらいね」と、まずは大人が共感し、支えてあげることが大切。自分を支えてくれる人がいることを支えに、気持ちが安定し、葛藤を乗り越えていけます。

悩み

とにかくすぐ泣くので、強く叱ることもできません

行動の意味

泣くのは、弱虫だからではありません

同じ泣き虫にもタイプがあります。
自分に自信がもてない子、
神経質で気が弱く、感受性が強い子、
そして、泣くことで自分の要求を通す子です。
まずは、どういうことで
すぐ泣くのかを見極め、

それに合わせて対処しましょう。
ただし、泣く＝弱虫、
という先入観をもつのはどうでしょうか？

特に男の子には強いイメージを
押しつけがちですが、
子どもは（大人だって）泣くことで
気持ちをすっきりさせることができるのです。
泣くことによって、
精いっぱいの表現をしている子もいるのです。
泣くことにマイナスイメージを
もたせないようにしましょう。

対応法は次のページにあります。

対応法

泣きタイプに合わせて対応します

「鉄棒ができない」「うまく字が書けない」など、
自信がもてなくて泣く子には、
「きっとやれるようになると思うよ」と励まして、
できないというレッテルを貼らないようにします。
励ますことで、僕もやれるんだ、
という気持ちにさせてあげることが大切です。
感受性が強い子は、
「泣きたかったら泣いていいのよ」

と受け止めることも大事。
ただし、要求を通そうとして、
泣くことを武器にしている場合には、
子どもの言いなりにならないこと。
泣いても思いどおりにならないということを体験させ、
泣く代わりにどうしたらいいかを伝えましょう。

子どもが泣いたからといって、
大人が動揺することはありません。
泣くことで自分の気持ちを吐き出しているからです。
しっかり泣かせてあげ、
すっきりしたら一緒に解決方法を考え、
子ども自身が自分で何かをできるように
していくことも大切です。

悩み

お友達と上手に遊べないみたいで

行動の意味

マイペースか内弁慶。ひょっとしてトラブルメーカーでは？

自分の遊びに夢中になっている子どもの場合は、それが楽しくてしょうがないので、心配ないでしょう。

しかし、友達が遊んでいるのをじっと見ているのは、遊びたい気持ちが表れているのかもしれません。

子どもの輪のなかに入っていけないのは、きょうだいがいない子や、友達と遊ぶ経験が少ない内弁慶な子によく見られます。

ただし、なかには、トラブルメーカー（すぐけんかになる、友達を叩くなど）として仲間に入れてもらえない子もいるので、よく観てみましょう。

対応法

自分を振り返らせ、どうすればいいか、具体的に考えさせる

内弁慶な子の場合、いきなり大勢のなかに引っぱっていかず、まずは2～3人の少人数のなかに入っていけるよう、大人がきっかけづくりを！

「はじめは、入れてっていってみようね」など、具体的な手立てを伝えてあげましょう。

トラブルメーカーだと思われているようなら、「何でだと思う？」と問いかけ、友達が乱暴されることをとてもイヤがっていることを自覚させることが大切です。

仲間外れが起きるのも4歳ぐらいからなので、何で一緒に遊んでもらえないのか、その理由を一緒に考え、たとえば、「もう、鬼になってもやーめたっていわないようにする」「友達に命令ばかりしないようにする」など、気づきをうながしていくことも大切です。

いつでもヒーローになりきっている息子が不安です

悩み

想像力の賜物ですが、行きすぎはNG

行動の意味

子どもは昔から強い者への憧れをもちます。
「カッコイイ」「強くなりたい！」という
願いが戦いごっこになることも。
だから、「やめなさい！」と禁止する必要はありません。
ただ、テレビのヒーローごっこをしてもストーリー性がなく、
怪獣と戦ってばかりいるのでは、つまらない。
本当に強い人はどんな人？　などと語り合い、
子どもたちの求める理想像を描かせ、
方向転換をうながしていくことも必要かも。

対応法

憧れの対象をリアルな人間像へ

憧れの対象をテレビのヒーローばかりに
求めるのではなく、
憧れの人間像を広げていけるよう、
絵本やお話などを語ってあげましょう。
変身でただ強くなるだけではなく、
望ましい人間像を
描かせていくことも大切です。

悩み

バカ、うんちなどの汚い言葉が好きなの？

行動の意味

親の慌てる姿を見るのが好きなんです

子ども同士の生活が進行すると、子どもたちはいいことも悪いことも覚え、親をハラハラさせるようになります。そのひとつが、テレビで見た刺激的な言葉や子ども同士で使われる汚い言葉です。覚えたての刺激的な言葉を発することで、親が慌てたり、怒り出したり、関心を引くことができるのが、おもしろくて仕方ないのかも。たとえ叱られても、友達も一緒ということでなかなかやめられません。

対応法

薄いリアクションで喜ばせない

注意せず、ときには、
「そんなことには関心ないわ」
と無視することで、
エスカレートすることを防ぎます。
子どもがおもしろがって使っていても
相手にせず、
少し我慢して聞き流すのが一番。
ときには「ちっともおもしろくないわ」と、
気持ちをはっきり伝えましょう。

悩み

遊んでいると、どんどんおもちゃを散らかして、片づけをしません

行動の意味

発想力が豊かな証拠なので、子どもの遊びを柔軟に見てあげましょう

子どもはひとつの遊びをしていると、どんどん発想が広がっていきます。お人形さん遊びをしていても、熱が出ちゃった、じゃあ病院行かなきゃ。病院へ行くのには車が必要。といった感じでイメージが広がり、必然的におもちゃの種類も広がっていきます。大人はそれが許容できず、ついつい「片づけてから次のことをしなさい」といってしまいますが、子どもにとっては遊びが継続しているので、それに不満を感じ、遊ぶのも片づけもイヤになってしまいます。子どもの遊びをもっと柔軟に受け止め、「いつ、片づける?」と子どもに聞き、子ども自身に決めさせるといいでしょう。

対応法
片づけを義務にせず、片づけのルールを教える

ひとつの箱に入れるだけ、というのはあまり片づけの意味がありません。子ども専用の棚に入れるとか、ものに応じて収納箱を用意するなど、ものの指定場所を決め、ひと目でわかるようにします。すぐに取り出せて片づけられる環境を整えると、子どもには片づけをしやすくなります。

また、集団生活の場では、友達と遊ぶことも多いので、「僕やってない」と、人のせいにする子も出てきます。「でも、おもちゃが出てると食事ができないわねぇ？　友達と一緒に片づけてよ」などと、子どもが必要性を感じ取って、「じゃあ、手伝ってやるか」と思ってくれるような声かけをすることも大事。

また、「12時になったらごはんだから、あと10分で片づけようね」と、前もっていっておくと、心の準備ができ納得してくれます。

このおもちゃは園のものではなく、自分たちのもの、という意識をもたせることも大切。そういう思いで遊んでいると、ものを大切に扱うようになります。

悩み

家族で決めた簡単な約束が、なかなか守れません

行動の意味

納得していなければ、守れないのも当たり前

おうちに帰ったら手洗いとうがいをする、ごはんのときはテレビを消す、など、家庭によっていろいろな約束があるかと思います。一番大切なのは、その約束を子どもが納得して決めたか、どうかです。一方的に押しつけても、子どもには約束を守る意味がわかっていないので、なかなか守れません。そして、親がその約束を守っているかどうかも重要です。どんなに「食事のときはテレビは消そうね」といっても、あとから帰ってきたお父さんがテレビを見ながら食事をしていては、子どもに守らせるための説得力をもちません。親が模範になって、子どもが守らなきゃ、という気持ちになることが大切です。

対応法

守らせるよりも、守る意味を考えさせる

4歳は「なぜなぜ？」時期なので、守らせることを求めるよりも、なぜそれが必要かを子どもに考えさせましょう。たとえば、朝寝坊したときは、「約束した時間に寝ないからよ」と叱るのではなく、「9時に寝て6時半に起きる約束なのに、何で起きられなかったのかな？昨日寝るのが遅くなったもんね」と考えさせることで、約束を守る意味を納得すれば、できるようになっていくのです。

「おはよう」「いただきます」など、生活のなかで行ってきた必要なあいさつなどの小さな約束事も、4歳になったら、なぜそれが必要なのかを考え合い、意識させるといいでしょう。

守れなかったときは、「また守れない」と追いつめず、守れていることに目を向けて認めていくことで、決めたことをやっていこう、と思うようになっていきます。親が約束を破ったときは、ごまかさず、きちんと理由を説明しましょう。

悩み

何でも親に頼ってばかり。このままで大丈夫？

行動の意味

もともとは過保護が大きな原因

何をするにも「できない、ママやってー」「わかんなーい」を連呼。動作が鈍く、幼稚園に行くときも、追い立てられるようにして家を出ていきます。

そんな子どもたちに共通しているのが、やる気のなさ（意欲がない）。これは甘えとは違います。ただ、やる気がない子、とレッテルを貼るのはＮＧ。それよりも、何でやる気がなくなってしまったのかを振り返る必要があります。多くは、何でも大人が手を貸しすぎてやる気を摘んでしまったことに原因がありそうです。

そう、過保護が大きな原因です。失敗させないようについ手助けしてしまったり、何かを決めるときに親の考えを一方的に押しつけていると、次第に自分で判断できなくなってしまいます。

対応法

選択肢を与えて、子どもに決めさせる

子どもは本来、やる気のかたまり。やる気のなさを子どものせいにせず、親自身が変わることからはじめましょう。

何事も親の思いを押しつけず、子どもの意図を聞き出して、子どもに判断させることが、もっとも大事です。

その子が得意であったり、好きなものがきっとあるので、そういうことを見つけてやらせることが、子どもの自信にもつながります。

また、ダラダラしている子やおっとりしている子もやる気がないと見られがちですが、

時間はかかってもちゃんとやり終えたときは、「できたじゃない！」と認めてあげましょう。

個性を認めて伸ばしていく。

それがやる気へつながっていくこともあります。

悩み

家では、よくしゃべるのに、園では、しゃべらないみたいで…

行動の意味

内気で不安が強い性格の子に見られます

何かを話しかけると首を振って応じたり、強く聞くと上目遣いでジッと見る、聞きたいことがあると困った顔をして下を向いてしまう。このように家ではおしゃべりなのに、園では少しも話さない子を場面緘黙《かんもく》の子といいます。内弁慶な子や人見知りが強い子、自我が強い子に多いようで、大勢の人の前に出ると、圧倒されてさらに口を閉ざしてしまいます。家族以外とはなかなか打ち解けられませんが、友達はできます。友達と打ち解ければ話すようになっていきます。

対応法

無理に話させず、時間をかけて心をひらかせる

話させよう、答えさせようとせず、自然の会話のなかで、保育者や友達との言葉のやりとりに親しむようにします。

うなずいたときは、「わかってくれるんだ、うれしいわ」と、言葉にしてメッセージを送ります。なじんでくると「うん」「違うよ」など短い言葉を発するようになります。そのことを大袈裟に取りあげず、ごく当たり前にやり取りし、話したことを意識させないことも大切。

また、鬼ごっこや、じゃれつき遊びなど、開放的な遊びでスキンシップをとり、体も心も解放して笑い合うことが大事。

まずは、友達と一緒に遊ぶことの楽しさを伝えましょう。

歌とか詩を友達と一緒に唱和したり、掛け合いができる歌も声が出やすいもの。最初は友達のまねをして口を動かすだけでも、続けていくと声が出るようになっていきます。

悩み

ちょっとしたことで、ふてくされるのが面倒

行動の意味

ふてくされは無言の抵抗であり、成長過程で必要

トランプ遊びをして負けると「もうやらない！」、姉をほめると「お姉ちゃんばっかり！」と、すぐふくれっ面をして口をとがらせ、なかなか元に戻らない。子どもはモヤモヤした感情をうまく表せないため、こうした態度をとります。でもそれは、安心して甘えられる証拠でもあります。

自分の思いどおりにならないと、悔しさや怒りを言葉や動作で表す子もいますが、すねるのは、それが内面化すること。自分がまずかったな、ということが多少わかっているので、外に出せず内面化するのです。親に自分を見てほしい、わかってほしい、という表れでもあります。ふてくされる子は、プライドが高く、こだわりの強い子に多いようです。

対応法

気持ちの立て直し方を教える

ふてくされるのは問題ありません。
それよりも、自分自身で気持ちをいかに立て直すかが重要です。
ふてくされているからといって、子どもに取り入るのはよくありません。
かといって無視はせず、
「負けたのがイヤだったんだね」とさりげなく共感しましょう。
特に、子どもが失敗してやる気がなくなって
ふくれっ面をしているときは、
「だからいったでしょ」などと失敗をとがめず、
できなくても何度もやっていけばできるようになるということを、
知らせてあげます。自分の力で気持ちを整理させることが大切なので、
「大人でも失敗してふくれたりするけど、
いつまでもそういう気持ちでいるのは楽しくないよ」と、
気持ちを立て直す手助けをしてやりましょう。

コラム

甘やかしと甘えさせ

子どもに「みんなが持っているから買って買って」などといっておもちゃをねだられ、安易に買い与えるのは「甘やかし」です。日ごろ面倒をよく見てやれない代わりに、お金やもので代償しようとすることが典型的な「甘やかし」なのです。子どもに任せておくと危ないし、まどろっこしいので手を貸してしまう過保護も「甘やかし」です。どちらも「かわいそうだから」「不安だから」「かわいいから」などという、親の側の感情や都合が先立っていて、親の安心感を満足させます。

一方、子どもが何かつらいことがあったり、悲しいとき、困ったときなど、心が動揺し、隙間ができて不安になります。その隙間を埋めるためには、大好きな大人に抱きしめてもらったり、気持ちをわかってもらえると安心します。このように子どもの安心感を充電させるのは「甘えさせ」です。日ごろ子どもは、親離れしたいと思うけれど、実際に離れていくのは不安です。それで、安心感を充電するために甘えるのです。そして、十分甘えさせてもらうと、もう大丈夫と自分から離れていきます。

「甘やかし」と「甘えさせ」を混同すると、子どもが心の安定基地として親を求めているのに、お金やものを与えて親が安心してしまうという間違いを犯します。甘えさせてもらえる人がいるからこそ、子どもは自立していけるのです。

5歳児 我慢する力が育つ

幼児期もそろそろ卒業のサインです

感情が安定し、我慢する力が少しずつ育っていきます。４歳のときは、「Aちゃんは意地悪する悪い子だ」と、いいか悪いかでしかとらえられなかったのが、「Aちゃんは乱暴するけど、やさしいときもあるんだ

よ」と、いろいろな状況を考えて、人をとらえられるようになります。「もしも」という仮定形の言葉も理解できるようになり、相手の立場になって、物事を考えられるようにもなります。

また、4歳児は自分の考えと大人の考えが違うと、大人の考えを優先していましたが、5歳になると、自分で判断するようになり、自分の意見を優先することもあります。これが、幼児期の終わりのサインです。生活習慣もしっかり自立し、大人を頼らなくなります。今までは、いやなこと＝やらない、で通すことも多かったのが、「歯磨きはいやだけど、虫歯にならないために、苦手でもやってみよう」と、いやなことでも納得すればやるようになり、マイナスをプラスに変える力がついていきます。

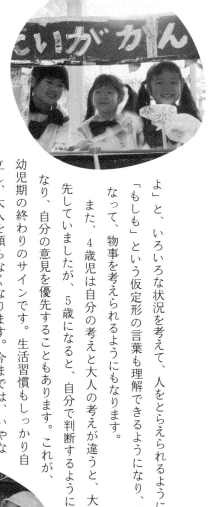

悩み

最近、ウソをつくようになりました。
どうしたら、やめさせられますか？

行動の意味

認知能力の発達のウソと想像力のウソ

５歳にもなると、知恵がついてきて、
大人により近い、意図的なウソをつくようになります。
「このおもちゃ壊したの誰！」
「僕じゃないよ、○○○（弟）だよ」
これは自分を防御するためのウソで、
認知能力の発達の賜物です。
犯人捜しをしても子どもは正直にはいわず、
追いつめられていくだけなので、
しつこく追及するのはよくありません。

振り返ると、3歳のころもよくウソをつきました。
でもそれは、人を意図的にだますのではなく、
現実と想像の世界を区別できなくて、
願望がウソになってしまうのです。
たとえば、日ごろから親に「動物園に連れていってよ」と
要求していた子が、園で友達が
「ぼく動物園にいって、ウサギをさわったよ」などと
保育者に楽しそうに話しているのを聞いて、
つい自分がいったような気持ちになってしまいます。
そして、家に帰ると母親に、「ぼく動物園いったよね」などと話すので、
親はビックリして「まだいってないのに、
何でそんなウソつくの？」と思ってしまいます。
想像したことが現実に起こったことかのような錯覚や願望が、
あたかもそうあったかのような
話やウソに発展してしまうことがあるのです。
これは想像力の働きなので、心配する必要はありません。

対応法は次のページにあります。

対応法

子どもを聖人君子のように思わない

5歳児の場合、ウソをつくのは人をだますことであると同時に、実は自分もだましているのです。

自分を偽るということは、とてもつらいことです。

「いい子になりたい、だけど、お友達がもっているあの紙飛行機が欲しい。こっそり使っちゃえ」

というように、子どもはいつも「よい子でありたい自分」と「はめを外して思いっきりやりたいことをやろう」という両者の心が葛藤しています。

そして、悪いとわかっていてもやってしまい、後悔します。
そんなとき、大人にきつく追いつめられれば、
追いつめられるほど怖くなっていえなくなります。
「私も子どものころウソをついてしまい、
いやな思いをしたことある」
と、大人が子どものころの体験を語ったり、
自己開示しやすいように語りかけてあげることで、
素直になれることが多いです。

一方、3歳児のウソは、ウソの話しをよく聞いてあげて、
ひと言、先ほどの例の場合なら
「動物園にいきたかったんだねー」
と、さりげなく、言葉を添えてあげるといいですね。

悩み お手伝いをすると、ご褒美を欲しがります

行動の意味

経験の積み重ねからの行動です

物事の因果関係がわかってきて、
見通しがきくようになってくるので、
1回でもご褒美をもらうことを経験すると、
またもらえるものだと思い込んでしまいます。
お手伝いで得られる感動の代用として、
ご褒美が求められてしまいます。

対応法

もので代償するより感謝の気持ちを

大人はまた手伝いをしてほしくて、
ついついお菓子などの褒美をあげてしまいがちですが、
手伝いと褒美は切り離して考えましょう。
手伝いをしてくれたときは
「本当に助かったよ」と、
感謝の気持ちを言葉で表したり、
「困っているとき手伝ってくれてやさしいね」と
子どもの行為をほめることが一番大切です。

悩み

お友達と自分を比べて
うらやましがるんです

行動の意味

この年ごろのクセのようなもの

「Aちゃんには妹がいていいなぁ」
「Bちゃんは○○○を持ってるんだって」など、
自分と友達を比較して考えるようになります。
一過性のクセのようなものなので
気にする必要はありませんが、
「○○ちゃんにも、
こんなに素敵なところがあるじゃない」と
いいところを認めてあげるひと言を！

対応法

気持ちを推しはかり、考えを伝える

ときには「何でそれがいいの？」と、気持ちを聞いてみることも必要かもしれません。「そんなことないでしょ」と否定せず、聞いたうえで親の考えを伝えます。

たくさんいろいろなものを持っていることが大事ではなく、家庭ごとにその子どもにふさわしいものを考えているという、親の考えがあることをわからせましょう。「そんなに欲しいなら、誕生日まで待てる？」と、本当に欲しいのかを見極め、待たせることも大事です。

悩み　最近、言葉遣いが悪くて困っています。いちいち言い直す必要がありますか？

行動の意味

乱暴な言葉と暴力の言葉の違いを理解する

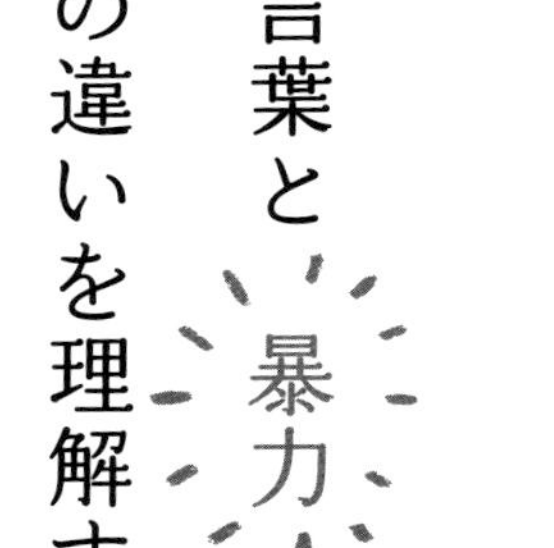

電子メディアが普及し、テレビや大人の世界にこれまでよりも頻繁に接する機会が多い、今の子どもたち。まわりの大人が気をつけていても、知らぬ間に乱暴な言葉を覚えてしまいます。また、乱暴な言葉をいうのが格好いいととらえ、「オレ、〇〇〇しちまった」などと、声高に話します。

乱暴な言葉を使ったとしても、人を傷つけるわけではないので、問題ありません。決して使ってはいけないのは、人を傷つける「暴力の言葉」です。「チビのくせに」「あの子変な顔」「いないほうがいい」「こんなこともできないのか」「デブ」など。自分自身ではどうにもできない、人格や存在を否定するような言葉の暴力は、いわれた子はいつまでも心に残り、いわれたことからなかなか立ち直れません。

対応法 毅然とした態度で厳しく叱る

子どもが暴力の言葉をいっているのを聞いたら、その場で「今、何ていいましたか？　それは人を傷つける暴力の言葉です。今度いったら私は許しません」と、まわりの大人が真剣に厳しく叱らなければなりません。

本当の暴力は誰にでもとがめられますが、言葉の暴力はなかなかそうはいかないので、小さなころからいってはいけないと杭をしっかり打っておくことが大切です。

園などではひとりの子がいったとしても、子どもたちに共通の問題として話し、「みんなも使っちゃいけないよ」と伝えます。

そうすると、大人がいないところでも、お互い注意するようになります。

二度と使わないように仕向けていくのが大人の役目です。

また、「暴力の言葉」を使ってしまった場合、勇気をもって謝れることも、とても大事。子どもは反応があるからと、ついからかっていってしまうこともあります。

だからこそ、ごめんね、と謝る勇気を引き出しましょう。

謝ることは、自分自身に言い聞かせる力にもなります。

悩み おとなしすぎて、自分を出せていないようで心配です

行動の意味 性格か育ちか、理由を考えます

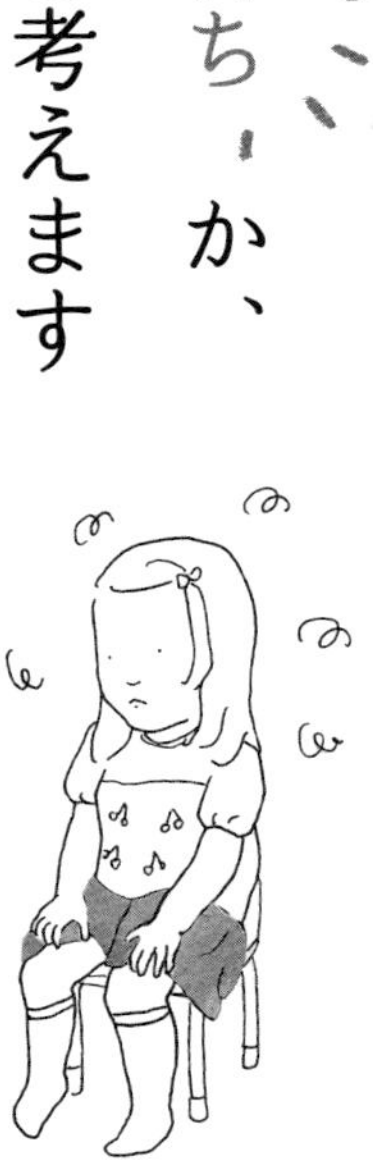

もともと子どもは活発なはずなのに、自己主張できないのは心配になります。理由を考えると、第一に、親から口うるさくいわれすぎて育ってきたため、自主性に欠け、やる気がなくなって自分を出せなくなっている。第二に、本来2歳半から3歳前後にかけて自立心が芽生え、親に対して反抗心をもつはずが、反抗する体験をもたずに、手がかからなくていい子で育ってきてしまった。

そんな子は、弱い子にははっきりいいますが、強い子には引っぱられるままでいいなりになってしまいます。なかにはもともと性格が温和でおおらかな子もいますが、人と考えが違ったときは、「みんな思っていることが違っていいのよね」と安心して自分の考えを表せるようになってほしいです。

対応法

口うるさくせず、子ども自身に判断を委ねる

いろいろな物事を、その子自身に判断させるようにすることが大事です。「ごはんだよ」と呼んでもなかなか来ない場合は、「いつになったら食べる？」と聞いたり、幼稚園に行くときお友達が迎えに来たら、「先に行ってもらう？ それとも待ってもらう？」など、選択肢をもたせて、子どもに決めさせる機会をつくります。

自分が出せないというのは、自信がないということも考えられます。折り紙や鉄棒など、その子が得意なことをしっかり認めて、誰かに教えてあげる体験をもたせましょう。友達が喜んでくれることで、自己発揮できるようになります。

また、励ましがプレッシャーになっている子も多いので、「がんばれ、がんばれ」と声をかけすぎないように。それよりも、できたことを認めてあげましょう。

自己主張しないと思い込んでいるだけで、子どもは小さなサインを出しています。お皿の上で嫌いなものをちょっとよけていませんか？ それは食べたくないよ、のサインです。伝わっているよ、ということをちゃんと言葉に表してあげましょう。

悩み

遊びに夢中になれず、いつも冷めた態度の子が増えてきているような

行動の意味

しらけは子どものあきらめから生まれます

しらけムードの大人と子どもが増えています。

幼稚園などで、「今日はみんながやりたいことしようね」と声をかけても、「別にー」「特になーい」など、意欲のない返事が戻ってきます。自分の意思表示をしないので、けんかにもならず、向かっていくと「何怒ってんの」「知らなーい」と逃げていきます。

もしかしたら、家庭でも会話が少ないのかも……。

大人に「この虫見て！」と子どもがいっても、スマートフォンに夢中になっていては、子どもは伝えてもしょうがないと思い、発信することをあきらめてしまうことになるでしょうね。

対応法

大人が積極的にかかわり、好奇心を育てる

しらけ=無関心、無感動のこと。なるべく、その子の興味、関心のあることを知って、好奇心をもたせ、一緒に楽しむことが大事です。

また、しらけは共感性に乏しく、無感動なことが多いので、大人が丁寧に接するようにします。虫を持っていたら「あら、どこで見つけたの」と大人から声かけしていきます。「知らねーよ」と答えたら、「じゃあ、一緒に図鑑見てみよう」と会話をつくっていきます。

人とのやりとりの楽しさを伝え、発見の喜びを共有することで、好奇心はどんどん育ちます。遊びの楽しさを共有することも大切なので、泥んこ遊びや鬼ごっこなど、開放的な遊びを楽しみながら、いろいろな感情体験をさせるといいでしょう。

集団生活のなかでしらけが目立ちすぎるようなら、保育者が親に働きかけることも必要です。個人面談などを通して、まずは大人がその子に関心を示していけるよう、具体的に伝えていきましょう。

悩み

幼稚園でボス的な存在で、仲間外れになっているみたいで

行動の意味

友達との関係が親密になっていく分、仲間に入れない子もいます

友達は第2の心の基地。先生よりも友達に認められることが生きがいになってきます。自分がやりたい遊びを拠点に仲間ができてくることが何よりうれしく、グループをつくるようになるのもこのころです。友達のいうことを聞いたり、自分のやりたいことを伝えたり、友達との関係が親密になってきます。そのなかで、仲間に入れない子もいます。仲間同士の結びつきは、子どもの経験から生まれた結びつきであり、コツコツと積み上げてきた財産でもあります。そのため、ほかの子はすぐには入れてもらえない場合もあるのです。仲間外れは決していじめではありません。

対応法　子ども自身が交渉し、大人は双方の味方になる

保育者や親が「仲間に入れてあげなさい」といったところで、場は共有できても心から受け入れてもらえないので、なかなか仲間になれません。

まずは、入れなかった子に、「何で入れてくれないか聞いてみた？聞いてごらん」と、本人が交渉するように仕向けます。

そうして理由を聞いたうえで、どうしたら入れてもらえるか一緒に考えながら「また明日も聞いてみようね」と伝えましょう。


仲間に入れてくれない＝もう遊ばない、とすぐにコミュニケーションを断つのはよくありません。

ときには、どうしても入れてくれないこともあります。そんなときは、「つらいね」と共感したあと、大人が入れてもらえなかった子の仲間になりましょう。入れてもらえなくても、自分が仲間を集めて仲間遊びができるということを伝えていきます。

コラム

電子メディアと子どもの発達

乳幼児期は五感を育んでいく時期です。大人と散歩や、じゃれつき遊びをたくさんすることで、共感力を育む力を育てることにもなっていきます。

ところが、最近、親子の触れ合いや感情交流が減ってきているようです。親が電子メディアに強い関心があり、スマートフォンを見ながら授乳をしたり、子どもが話しかけても「ゲームでもしてなさい」といって自分も携帯電話に夢中。病院の待合室や電車の中など、親子がそれぞれのメディアに夢中になっている姿を見かけます。

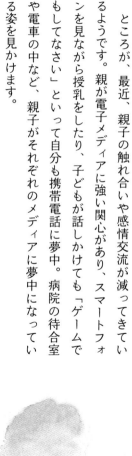

そんなメディア漬けの生活は、親子の触れ合いどころか、子どもの言葉の発達の遅れ、体力低下、生活リズムの乱れにもつながります。乳児は聴覚が未発達のため、大人のように雑音のなかから声を聞き分けることができません。テレビの音が流れているなかで話しかけても、脳が切り替えられず、しっかり聞き、理解することができないのです。

乳児は自分の呼びかけに反応してくれるものと、そうでないものを区別しているため、テレビのように応答がない一方通行のやりとりだと、前頭前野が働かず、言語習得するのも遅れてしまいます。

また、子どもの近視も増えています。5～6歳までが立体視が育っていく時期で、実物を見てさわっていくことで立体感や遠近感がつくようになるのに、電子メディアではそれは無理な話です。テレビの前に長時間すわっていれば運動不足＝体力低下につながるし、テレビに夢中になって夜更かしすることで生活リズムが乱れます。日本の子どもは慢性的な睡眠不足とまでいわれています。

そんなマイナス面があるなかで、どうやって電子メディアと向かい合っていけばよいのでしょうか。旭川赤十字病院小児科の諏訪清隆先生は提言します（第29回　全国子どもとことば研究集会）。

①2歳まではテレビの視聴をやめましょう。②総メディア（テレビやスマートフォン、ゲームなど）の接触時間は1日2時間以内に。食事（授乳）のときはテレビを消す、見たい番組が終わったら消してテレビをつけっぱなしにしない、子ども部屋にテレビやゲームを置かないなど、ルールをつくると実行しやすい。

ほかにも、テレビやビデオを見るより、実体験を通して感動したり、考える力を養う時期なので、体を動かすことのおもしろさや、体験を重ねることが大切です。幼児期にこうしてメディア対策しておけば、小学校に上がってからも、自立して自分でメディアコントロールできる力を育てていくことができます。

電子メディアに対してコントロールできず、長時間接触していると、やがて、自己中心的で攻撃的、想像力に欠け、自己肯定感も育たない子どもに育ってしまうことも考えられます。時間をコントロールし、自分自身で生活を切り開いていく力も弱くなり、無気力になってしまいます。今、自分のしたいことをやる！　それが子どもの生活です。自分のやりたいことを体験しながら、自分を形成していきます。その手助けとなるべく、五感を使った遊びの楽しさ、友達と遊ぶ楽しさを、何としても子どもに体験させてあげてほしいものです。

今井　和子（いまい・かずこ）

「子どもとことば研究会」代表。二十数年間、公立保育園で保育者として勤務。その後、東京成徳大学教授、立教女学院短期大学教授などを歴任。現在は全国の幼稚園、保育園対象の研修会で講演などを精力的に行っている。著書に、『0・1・2歳児の心の育ちと保育』『0・1・2歳児の担任になったら読む本　育ちの理解と指導計画【改訂版】』（いずれも小学館）、『主任保育士・副園長・リーダーに求められる役割と実践的スキル』（ミネルヴァ書房）ほか多数。

装丁／石倉ヒロユキ
デザイン／レジア（若月恭子、和田美沙季）
構成／大石裕美
編集／『新　幼児と保育』編集部（宮川　勉、阿部忠彦）
カバー・本文イラスト／奥まほみ
校正／松井正宏
本文写真／神山認定こども園（福井県）、小立野善隣館愛児園（石川県）、
浪花認定こども園（福井県）［五十音順］の子どもたち
写真の掲載にあたっては、許可をいただいたものを使用しております。

初出：本書は、『edu』2016年3／4月号、『新　幼児と保育』増刊『0・1・2歳児の保育2016夏』に掲載した記事をもとに再構成し、新たに書き起こしたものを加えております。

参考文献／『気になる子ども-心理学的見方と指導-』　沢 文治　（誠文堂新光社）、
『こどもの城　子育て相談Q&A』　こどもの城小児保健部　（出版開発社）、
『困ったときのこんなしつけ』　繁多 進　（あすなろ書房）

見えてますか？ 子どもからのシグナル
0歳児から5歳児　行動の意味とその対応

2016年　8月21日　初版第1刷発行
2024年　2月21日　第8刷発行

著者　今井和子
発行人　北川吉隆
発行所　株式会社　小学館
〒101-8001
東京都千代田区一ツ橋2-3-1
電話　編集 03-3230-5686
販売 03-5281-3555
印刷所　萩原印刷株式会社
製本所　株式会社 若林製本工場

ISBN 978-4-09-311417-2